ETIENNE CHARAVAY
1848-1899

MAURICE TOURNEUX

ÉTIENNE CHARAVAY

SA VIE ET SES TRAVAUX

PARIS, AU SIÈGE DE LA SOCIÉTÉ

3, RUE DE FURSTENBERG

1900

EXTRAIT

A 200 EXEMPLAIRES SUR PAPIER VERGÉ

DE *LA RÉVOLUTION FRANÇAISE*

(Mars 1900)

EXEMPLAIRE OFFERT A

ÉTIENNE CHARAVAY

SA VIE ET SES TRAVAUX

Marin-Etienne Charavay, né à Paris le 17 avril 1848, était, comme l'a dit M. Anatole France, issu « d'une famille de bons Lyonnais, très laborieux, très affectueux, très unis, malgré des ardeurs contraires en politique et en religion ». Fils aîné de Jacques Charavay, d'abord huissier, puis libraire, qui ouvrit à Paris, vers 1846, un cabinet d'autographes, devenu assez promptement le rival de celui d'Auguste Laverdet, Étienne Charavay grandit au milieu des dossiers et des documents accumulés par son père et y puisa le goût et le savoir qui déterminèrent sa vocation. Après de solides études classiques, et tout en suivant à Sainte-Barbe les cours préparatoires à la licence ès lettres, il fut admis à l'École des Chartes, où il eut pour camarades MM. Héron de Villefosse, Camille Pelletan, Léopold Pannier, Félix Herbet, Fernand Calmettes, Paul Guérin, Arthur Loth, F. Le Proux, etc. Le 1er février 1869, il obtint ce diplôme d'archiviste paléographe dont il était justement fier, après avoir développé les positions d'une thèse intitulée : *Essai sur l'administration de Louis XI en Dauphiné avant son avènement au trône*. Une lourde charge pesait depuis près de deux ans déjà sur ses épaules : son père était mort le 21 avril 1867, et il lui fallait pourvoir à la subsistance et à l'éducation des siens. La plupart des grands amateurs qui l'avaient vu naître vivaient encore à cette époque et beaucoup enrichissaient chaque jour leurs collections. D'autres disparaissaient et leurs trésors rentraient dans la circulation. La science et la probité du jeune expert inspirèrent promptement à tous une entière confiance, justifiée par le succès des premières ventes auxquelles il attacha son nom, telles que celles de Monmerqué (1867), de Yéméniz (1868) et de J.-Ch. Brunet (1868).

Pendant le siège de Paris, il remplit les fonctions d'officier payeur au 85e bataillon de marche et le suivit sur les champs de bataille de Champigny et de Buzenval. Dès le mois d'octobre 1871, il reprit la publication de sa revue *l'Amateur d'autographes*. « Maintenant que la lutte a cessé, disait-il, il faut se remettre au travail avec plus d'ardeur que jamais. Il faut vaincre cette ignorance qui, en nous voilant la vérité, nous a fait commettre tant de fautes, et chacun, dans cette immense tâche, trouvera sa place, quelqu'infime qu'elle soit. Celle de l'érudit n'est pas la moindre. L'histoire est pour celui qui sait aller au fond des choses un perpétuel enseignement : le monde marche, mais les événements suivent un cours régulier dont le philosophe peut prévoir les développements successifs et les conséquences. Pour cela, il faut avoir étudié l'histoire, et c'est là chose longue et ardue, car ce qui devrait être un foyer de lumière n'est souvent qu'erreurs et ténèbres... » Il a prêché d'exemple.

Les catalogues des collections Gauthier-La-Chapelle (1872), Pécard (1873), J.-L. Boilly (1874), Rathery (1876), Alfred Sensier (1877), Benjamin Fillon (1877-1881), Dubrunfaut (1882-1883), Cottenet (1882), Alfred Bovet

(1884-1887), et ceux de très nombreuses ventes anonymes, les unes effectuées pour le compte de divers amateurs, les autres composées de pièces provenant de ses acquisitions en France et à l'étranger, sont autant d'instruments de travail, car il n'épargnait aucune recherche pour les rendre véritablement utiles aux curieux, qui lui durent aussi une innovation très appréciée : avec l'aide de M. Fernand Calmettes, il fit reproduire fréquemment, soit en les encadrant dans le texte, soit à pleine page, des souscriptions, des signatures, des documents entiers. Les héliogravures qui ornent les exemplaires de luxe des catalogues Sensier, Fillon et Bovet en font à cet égard de véritables albums; mais ce n'était pas seulement le contexte matériel de l'écriture que Charavay entendait placer sous les yeux du lecteur : ce document était toujours choisi en raison de l'importance historique qu'il présentait. Son autorité était universellement reconnue et sa loyauté proverbiale; en toute occasion, il fit la guerre aux faux qui s'étaient glissés jusque dans les collections les plus fameuses et il contribua, autant qu'il était en son pouvoir, à en purger le marché. Bien souvent aussi, il provoqua ou opéra lui-même la restitution aux établissements publics de pièces qui en étaient indûment sorties.

S'il n'a pas fondé l'*Amateur d'autographes*, dont la pensée première appartenait à son père et à son oncle, Gabriel Charavay, il en fut, de 1866 à 1892, le principal rédacteur. La contribution la plus importante qu'il y a fournie et qui mériterait d'être réimprimée en volume est une *Liste alphabétique des membres de l'Académie française depuis sa fondation jusqu'à nos jours*, pour laquelle son ami feu M. Albert Bance fut son collaborateur. Cette *Liste* n'a point été tirée à part, comme le mémoire qu'il avait rédigé sur les péripéties de l'affaire Vrain-Lucas et de la mystification prolongée dont le savant Michel Chasles avait été victime.

En 1874, il entreprit une autre publication mensuelle, la *Revue des documents historiques*, imprimée avec luxe par M. Motteroz, qui venait d'ouvrir son premier atelier typographique, et ornée de planches héliogravées d'après les plus rares et les plus précieuses d'entre les pièces que le texte reproduisait ou commentait. Souvent interrompue par les travaux et les voyages de son fondateur, la *Revue des documents historiques* cessa de paraître en 1881. Il en fut de même d'un *Supplément à l'Isographie*, abandonné au bout de deux fascicules, et ce fut aussi pour de semblables motifs que, de 1882 à 1892, l'*Amateur d'autographes* offre de trop nombreuses lacunes.

Chargé, en 1880, d'une mission dont le rapport a été publié, Étienne Charavay rechercha dans les archives et les bibliothèques d'Italie les éléments d'une partie de la correspondance de Louis XI, et il entreprit avec M. Joseph Vaësen, pour la Société de l'histoire de France, la mise au jour des *Lettres* de ce prince ; mais le premier volume porte seul son nom. Un autre champ plus vaste s'était ouvert à son activité. De très bonne heure, il avait étudié la Révolution française, moins dans les livres que dans les documents originaux eux-mêmes qui avaient, par milliers, passé entre les mains de son père et entre les siennes. Aussi, en 1881, fit-il partie du petit groupe de publicistes, Édouard Charton, Jean Macé, Hipp. Carnot, Anatole de La Forge, etc., qui lancèrent le prospectus d'une revue précisément intitulée : *la Révolution française,* devenue, en 1888, l'organe d'une société dont le but est de substituer aux déclamations, aux légendes et aux redites l'examen des faits et des idées d'où est sorti le monde moderne. Il a donné, surtout dans la première série de cette revue, de très nombreux articles dont on trouvera la liste dans les deux tables quinquennales de la collection. Il fut aussi, en 1889, l'un des promoteurs et le coopérateur le plus zélé de l'exposition spéciale installée au pavillon de Flore, dont le catalogue méthodique lui est dû en entier, ou peu s'en faut, et au cours de laquelle il fut nommé chevalier de la Légion d'honneur.

Ce n'étaient pas, d'ailleurs, les seuls gages qu'il devait donner à l'histoire de cette grande époque : il avait accepté la tâche de publier pour la collection « rouge », entreprise sous les auspices du conseil municipal, les procès-verbaux des diverses assemblées électorales tenues à Paris depuis 1790 jusque sous le Directoire ; deux volumes ont paru ; un troisième, entièrement prêt, sera prochainement mis au point par M. Paul Mautouchet. Le texte pompeux et redondant de ces discours et de ces procès-verbaux rebuterait bien vite le plus intrépide lecteur, s'il n'y trouvait un dédommagement dans les notes nombreuses qui fixent l'identité de tant de personnages obscurs et fournissent l'explication d'une multitude de petits faits oubliés. On ne sait, en pareil cas, ce que l'on doit le plus louer de la science ou de l'abnégation du commentateur.

Une tâche non moins difficile lui avait été aussi dévolue. Albert Duruy avait présenté, peu de temps avant sa mort, au Comité des travaux historiques, le plan d'un recueil de la correspondance militaire de Lazare Carnot. Étienne Charavay recueillit la succession du jeune historien et ne recula devant aucune des obligations qu'elle lui imposait. On a cité de lui, à ce propos, un mot dont ne pourraient s'étonner que ceux qui ne l'ont pas connu. Comme on lui faisait observer que le nouveau président de la République aurait peut-être à souhaiter quelques suppressions dans la correspondance de son aïeul : « S'il en était ainsi, j'aimerais mieux renoncer au travail », répondit-il ; et l'on peut être assuré qu'il eût tenu parole. La *Correspondance générale de Carnot* comprend actuellement trois volumes (le quatrième est en préparation). Pour se rendre compte de la méthode suivie par l'éditeur et des recherches qu'elle a entraînées, il faut lire l'*Avertissement* du tome I*er*. Aucune source n'a été négligée, aucune peine épargnée.

Le libre accès qui lui avait été accordé à cet effet dans les archives historiques du ministère de la guerre lui mit entre les mains les dossiers dont il a tiré un précieux commentaire et aussi des contributions non moins utiles à l'histoire militaire de la Révolution. Il put ainsi refaire ou reconstituer de toutes pièces les biographies négligées jusqu'à ce jour ou erronées d'un certain nombre d'officiers supérieurs et donner cette monographie de *La Fayette*, devenue, d'un simple article de dictionnaire, le travail le plus complet et le plus documenté dont il aura été l'objet. La plupart de ces études ont paru dans le *Bulletin du Comité des travaux historiques*. Il a collaboré aussi à la *Revue bleue*, à la *Revue critique*, à la *Revue encyclopédique*, à la *Grande Encyclopédie*, où il a fourni de très nombreuses notices sur divers conventionnels et personnages de la Révolution, à la *Revue d'histoire littéraire de la France*, etc.

Cependant un deuil irréparable était venu frapper Étienne Charavay en plein labeur : la mort du seul fils qui lui fût né le mit lui-même en danger, et il lui fallut de longs mois de convalescence physique et morale pour reprendre goût à la vie et à la science. En fait, il ne guérit pas et ne devait pas guérir : le mal qui nous l'a enlevé datait de cette époque funeste et reparut quand une nouvelle et trop poignante émotion lui fut récemment infligée.

Par une touchante supercherie dont lui seul fut la dupe, son premier soin, dès qu'il fut en état de tenir une plume, fut de publier sous le nom de son fils quelques notes recueillies par cet enfant sur les *généraux tués à l'ennemi*, en les complétant et en les encadrant d'un commentaire qui en fait le véritable prix. Après avoir cédé à son plus jeune frère, M. Noël Charavay, son cabinet d'autographes (1894), il donnait une part de son temps à ses travaux et consacrait l'autre aux œuvres de propagande républicaine, notamment à la Ligue de l'enseignement, dont il était secrétaire général; mais, très souvent aussi, il était absorbé par ses fonctions d'expert près les tribunaux. C'est à ce titre qu'il fut appelé, en 1894, à examiner les pièces attribuées au capitaine Dreyfus et qu'il formula des conclusions conformes aux éléments qui avaient été seuls alors placés sous ses yeux. Quatre ans plus tard, il fut amené à reconnaître que sa première hypothèse était infirmée par des documents nouveaux et il en fit sans hésiter l'aveu. Pour quiconque a connu l'homme, il n'y avait rien dans cette contradiction qui ne fût à son honneur. L'un des témoins à charge du procès, et le plus considérable par le rang qu'il avait occupé, mit cependant en doute la parfaite bonne foi d'Étienne Charavay. Celui-ci rebondit sous l'outrage, et sa déposition au conseil de guerre de Rennes fut, on le sait, l'une des plus importantes et des plus émouvantes aussi. Il était dès lors mortellement frappé et regagna péniblement la petite maison de Brolles (Seine-et-Marne), où, depuis de longues années, il passait tous les étés. La phlébite dont il souffrait avait reparu plus menaçante que jamais; le 2 octobre 1899, il s'éteignait au milieu de sa famille et dans des circonstances particulièrement douloureuses.

Ramené à Paris, son cercueil fut inhumé dans le caveau du cimetière Montparnasse, où reposait déjà son fils. De nombreux discours furent prononcés, qui tous louèrent à l'envi les vertus du bon citoyen, les solides travaux du savant, la modestie sincère, l'obligeance infatigable, l'imperturbable urbanité de l'homme privé. Si sa disparition laisse dans le cœur de ses amis un vide qui ne sera jamais comblé, ses travaux feront du moins vivre son nom, et c'est, je crois, lui rendre l'hommage qui lui eût été le plus agréable que de les énumérer aussi complètement que possible.

J'ai partagé cette liste en deux parties : l'une comprenant les études qu'il a données sur les sujets les plus divers, l'autre appartenant tout entière à la science des autographes, aux questions techniques qu'elle soulève et aux principaux catalogues où Étienne Charavay a magistralement affirmé son indiscutable compétence.

BIBLIOGRAPHIE

PREMIÈRE PARTIE

HISTOIRE DE FRANCE

I

MOYEN AGE ET ANCIEN RÉGIME

1. — École impériale des Chartes. Positions des thèses soutenues par les élèves de la promotion 1867-1868, pour obtenir le diplôme d'archiviste paléographe. *Paris, imp. Simon Raçon et Cie*, 1868, in-8°, 88 p.

P. 15-18. *Recherches sur l'administration de Louis XI en Dauphiné, avant son avènement au trône*, par ÉTIENNE CHARAVAY.
La thèse que développaient ces positions n'a pas été imprimée.

2. — Étude sur la chasse à l'oiseau au moyen âge. Une fauconnerie princière et l'éducation des faucons, d'après des docu-

ments inédits du xiv° siècle et du xv°, par ÉTIENNE CHARAVAY. *Paris, chez Auguste Aubry*, MDCCCLXIII, in-8°, 4 f. et 32 p.

On lit au verso du faux titre :
« Il a été tiré de ce livre, imprimé par Cl. Motteroz, pour Auguste Aubry, cent exemplaires numérotés ». Titre, vignettes, lettrines, fleurons, culs-de-lampe rouges et noirs. Neuf pl. hors texte sur papier teinté.

Les feuillets liminaires comportent le faux titre et le titre, l'*Explication des bois* et la *Table des matières*: Le faux titre porte : *La Chasse à l'oiseau au moyen âge*.

Tirage à part (non spécifié) de la *Revue des documents historiques*. Cette étude est empruntée à une traduction française du xv° siècle (B. N. Mss. fr. 1296), accompagnée de figures dues à Simon d'Orléans, d'après un traité fameux au moyen âge : *De arte venandi cum avibus*, attribué à l'empereur Frédéric II.

3. — Le maréchal de Bouillon à la cour d'Angleterre. Lettre de Plessis du Bellay à la duchesse de la Trémoille. *Paris, typ. Motteroz, 16, rue Visconti*, 1873, in-8°, 8 p.

Pas de faux titre, ni de couverture imprimée. On lit au verso du titre : « Extrait de la *Revue des documents historiques*. »
Le commentaire qui encadre les documents cités est anonyme.

4. — Jean d'Orléans, comte d'Angoulême. Notice publiée avec des notes par ÉTIENNE CHARAVAY, archiviste paléographe. *A Paris, chez Alphonse Lemerre*, 1876, in-8°, 22 p.

On lit au verso du faux titre. « Tiré à 50 ex. sur papier de Hollande, 5 sur papier Whatman ».
Extrait (non spécifié) de la *Revue des documents historiques*.

5. — Rapport adressé à M. le Ministre de l'Instruction publique, sur les Lettres de Louis XI et sur les documents concernant ce prince, conservés dans les archives de l'Italie, par ÉTIENNE CHARAVAY, archiviste paléographe. Extrait des « Archives des missions scientifiques et littéraires », 3° série, tome septième. *Paris, Imprimerie nationale*, MDCCCLXXXI, in-8°, 40 p.

6. — Lettres de Louis XI, roi de France, publiées d'après les originaux pour la Société de l'histoire de France, par JOSEPH VAESEN et ÉTIENNE CHARAVAY, archivistes paléographes. *Paris, librairie Renouard, Henri Loones [et H. Laurens], successeur*, 1883-1898, 6 vol. in-8°.

Le titre du tome Ier porte : *Lettres de Louis, dauphin (1438-1461)*, *publiées par* ÉTIENNE CHARAVAY. Les volumes suivants ne portent que le nom de M. Vaesen.

7. — Procès criminel intenté contre une sorcière à Moudon, en Suisse, mars 1655. Relation annotée par ÉTIENNE CHARAVAY. *Paris, chez Alphonse Lemerre, 27, passage Choiseul*, 1875, in-8°, 8 p.

Titre rouge et noir. Papier vergé teinté.
On lit au verso du faux titre : « Typ. Motteroz. Extrait de la *Revue des documents historiques*. »

8. — Un duel à Romans en 1769. Procès-verbal d'accusation et de condamnation publié avec des notes par ÉTIENNE CHARAVAY, archiviste paléographe. *A Paris, chez Alphonse Lemerre*, 1875, in-8°, 11 p.

On lit au verso du titre : « Imprimé par C. Motteroz, rue du Dragon, 31, à Paris, et tiré à 75 ex. numérotés dont 30 mis dans le commerce. »
Pas de faux titre; couverture non imprimée.

II

RÉVOLUTION FRANÇAISE

A. — GÉNÉRALITÉS

9. — Le Centenaire de 1789 et le musée de la Révolution, par ÉTIENNE CHARAVAY, archiviste paléographe, rédacteur de « la Révolution française ». *Charavay frères*, 1886, in-8°, 31 p. et une planche.

La couverture imprimée sert de titre. Les pp. 26 et 27 sont occupées par le plan et la vue du monument projeté. La planche hors texte représente la façade du musée que M. Chassin proposait d'élever sur l'emplacement des Tuileries.
Le texte, dû à Charavay, s'arrête p. 23. Le surplus est l'œuvre de M. Chassin.

10. — Société de l'histoire de la Révolution française. Célébration historique du centenaire de 1789. Catalogue des objets formant l'exposition historique de la Révolution française, salle des États, aux Tuileries, place du Carrousel. *Paris, au siège de la Société*, 1889, in-8°, XVI-256 p.

Il a été fait un tirage sur papier vergé, réservé aux membres de la Société.

B. — Histoire civile

11. — L'Assemblée électorale de Paris, 18 novembre 1790-15 juin 1791. Procès-verbaux de l'élection des juges, des administrateurs, du procureur-syndic, de l'évêque, des curés, du président du tribunal criminel et de l'accusateur public, publiés d'après les originaux des Archives nationales, avec des notes historiques et biographiques, par ETIENNE CHARAVAY, archiviste paléographe. *Paris, D. Jouaust; Ch. Noblet; maison Quantin*, 1890, in-8°, 2 ff., XLVIII-694 p. et 1 f. non chiffré (table des matières).

Collection de documents relatifs à l'histoire de Paris, pendant la Révolution française, publiée sous le patronage du conseil municipal. Voyez le n° suivant.

12. — Assemblée électorale de Paris, 26 août 1791-12 août 1792. Procès-verbaux de l'élection des députés à l'Assemblée législative, des hauts jurés, des administrateurs, du procureur général syndic, du président du tribunal criminel et de son substitut; des juges suppléants, de l'accusateur public, de curés, publiés d'après les originaux des Archives nationales, avec des notices historiques et biographiques, par ÉTIENNE CHARAVAY, archiviste paléographe. *Paris, Cerf; Ch. Noblet; maison Quantin*, 1894, in-8°, 2 ff., et LVII-628 p.

Collection de documents relatifs à l'histoire de Paris... publiée sous le patronage du conseil municipal.

13. — ÉTIENNE CHARAVAY. La Revellière-Lepeaux et ses mémoires. *Paris, bureaux de la* Revue bleue, *19, rue des-Saints-Pères*, 1895, in-8°, 46 p.

On lit au verso du faux titre : « Tiré à cent ex., dont deux sur papier du Japon, deux sur papier de Chine et dix sur papier de Hollande. Offert par MM. Jules Hetzel et Etienne Charavay. »
Au verso du titre : « Extrait de la *Revue bleue* des 26 janvier et 2 février 1895. »

14. — Mémoires du comte de PAROY. Souvenirs d'un défenseur de la famille royale pendant la Révolution (1789-1797), publiés par ETIENNE CHARAVAY, archiviste paléographe. Avec un portrait en héliogravure et un fac-similé d'autographe. *Paris, E. Plon, Nourrit et Cie*, 1895, in-8°, 2 ff. et XLII-480 p., la dernière non chiffrée.

C. — HISTOIRE MILITAIRE

15. — Les Enfants de la République, Viala, Bara, Sthrau, Mermet, Casabianca, par ÉTIENNE CHARAVAY, archiviste paléographe. *Librairie d'éducation de la jeunesse. S. d.* (1882), in-16, 64 p., la dernière non chiffrée.

16. — Lazare Carnot, d'après sa correspondance. Conférence faite au Cercle Saint-Simon, le 10 novembre 1890, par ETIENNE CHARAVAY, archiviste paléographe. *Au siège de la Société de l'histoire de la Révolution 4, rue de Furstenberg, à Paris. S. d.*, in-8°, 32 p., papier vergé.

Au verso du faux titre, fac-similé d'une lettre de Carnot à M.-J. Chénier. En regard du titre, portrait de Lazare Carnot d'après Boilly ; p. 32, reproduction d'un autre portrait d'après un physionotrace et fac-similé des signatures de Carnot et de Prieur (de la Côte-d'Or). Le second portrait est également reproduit sur le plat verso de la couverture.

17. — Correspondance générale de CARNOT, publiée avec des notes historiques et biographiques par ETIENNE CHARAVAY, archiviste paléographe. *Paris, Imprimerie nationale*, MDCCCXCII-MDCCCXCVII, 3 vol. in-4°.

T. 1er (1892), avril 1792-mars 1793, 2 ff., XVII-477 p. et 1 f. non ch. (Table générale).
En regard du titre, fac-similé d'un portrait, au crayon, de Carnot en uniforme de chef de bataillon.
T. II (1894), mars-avril 1793, 2 ff., IV-558 p. et 1 f. non chiffré (Table générale).
T. III (1897), août-octobre 1793, 2 ff., VIII-620 p. et 1 f. non chiffré (Table générale).

18. — Société de l'histoire de la Révolution française. Les généraux morts pour la patrie (1792-1871.) Notices biographiques, par JACQUES CHARAVAY, publiées par son père. Première série. 1792-1804. *Paris, au siège de la Société, 3, rue de Furstenberg*, 1893, in-8°, 2 ff., XX-116 p., et 2 ff. non chiffrés (table et nom de l'imprimeur).

On lit au verso du faux titre : « Cet ouvrage a été tiré à trois cent soixante-dix exemplaires numérotés, dont vingt sur papier du Japon et trois cent cinquante sur papier vergé. Hommage de M. Etienne Charavay à M.   , n°   . » Illustrations dans le texte et hors texte et fac-similé de souscription et signatures à la fin de chaque notice. La table des illustrations est p. 115-116.

La seconde série n'a pas paru.

19. — Lazare Hoche. Notice sommaire par ÉTIENNE CHARAVAY, archiviste paléographe. *Paris, Imp. L. Maretheux. S. d.*, in-8°, 20 p.

On lit au verso du titre : « Extrait de la *Révolution française* d'octobre 1893. » Tirage à part sur papier vergé. La couverture, ornée au recto et au verso d'emblèmes républicains, est également tirée sur papier vergé blanc.

P. 20., fac-similé d'une lettre de Hoche.

20. — Société de l'histoire de la Révolution française. Les grades militaires sous la Révolution. Notice par ÉTIENNE CHARAVAY, archiviste paléographe. *Paris, au siège de la Société, 3, rue de Furstenberg*, 1894, in-8°, 27 p.

Tirage à part sur papier vergé, réservé aux membres de la Société, d'un travail publié dans la *Révolution française*.

21. — Le général Alexis Le Veneur, le héros de Namur et le maître de Hoche (1746-1833), par ÉTIENNE CHARAVAY, archiviste paléographe, membre de la Société de l'histoire de la Révolution. Extrait du « Bulletin historique et philologique, 1894 ». *Paris, Imprimerie nationale*, MDCCCXCV, in-8°, 2 ff. et 111 p.

Au verso du titre, fac-similé d'un ordre de service écrit et signé par Le Veneur et adressé à Hoche.

22. — Le général Carlenc, commandant en chef de l'armée du Rhin du 2 au 22 octobre 1793, par M. ÉTIENNE CHARAVAY. Extrait du « Bulletin historique et philologique », 1896, *Paris, Imprimerie nationale*, MDCCCXCVI, in-8°, 36 p.

23. — Le général Benoit-Louis de Bouchet (1731-1802), par ÉTIENNE CHARAVAY. *Paris, Imprimerie nationale*, MDCCCXCVI, in-8, 38 p.

Extrait du *Bulletin historique et philologique*.

24. — Société de l'histoire de la Révolution française. Le général La Fayette (1757-1834). Notice biographique, par ÉTIENNE CHARAVAY, archiviste paléographe. *Paris, au siège de la Société, 3, rue de Furstenberg*, 1898, in-8°, VIII-653 p. (la dernière

non chiffrée) et 1 f. non chiffré. (Erratum et nom de l'imprimeur.)

Nombreuses illustrations hors texte et dans le texte, et dont la liste est donnée dans une table spéciale.

III

HISTOIRE MODERNE ET CONTEMPORAINE

25. — L'Héroïsme civil (1789-1880), par ÉTIENNE CHARAVAY, archiviste paléographe. *Paris, Charavay frères*, 1881, in-16, x-285 p. et 1 f. n. ch. (nom de l'imprimeur).

Illustrations hors texte et dans le texte.

26. — L'Héroïsme militaire (1792-1815), par ÉTIENNE CHARAVAY, archiviste paléographe. *Paris, Charavay frères*, 1882, in-16, 160 p.

Illustrations hors texte et dans le texte.

27. — L'Héroïsme professionnel (1789-1882), par ÉTIENNE CHARAVAY, archiviste paléographe. *Paris, Charavay frères*, 1883, in-16, 96 p. (la dernière non chiffrée).

Illustrations hors texte et dans le texte.

IV

HISTOIRE LITTÉRAIRE

28. — Les Amours pastorales de Daphnis et de Chloé, traduites par JACQUES AMYOT (texte de 1559), suivies de la traduction revue par PAUL-LOUIS COURIER, précédées d'une notice par ÉTIENNE CHARAVAY. *Paris, Alph. Lemerre*, 1872, in-12, xiv-296 p.

Petite Bibliothèque littéraire.
Frontispice gravé à l'eau-forte par EDMOND HÉDOUIN et auquel on ajoute sept eaux-fortes gravées par BOILVIN d'après PRUDHON.
Outre les ex. sur papier vergé, il a été tiré de ce livre 120 ex. sur papier Whatman et 35 sur papier de Chine.

29. — Diderot et Fréron, documents sur les rivalités littéraires au xviiiᵉ siècle, publiés avec des notes, par ÉTIENNE CHARAVAY, archiviste paléographe. *A Paris, chez Alphonse Lemerre, 29, passage Choiseul,* 1875, in-8°, 15 p.

Pas de faux titre ni de couverture imprimée. On lit au verso du titre : « Typ. Motteroz. Extrait de la *Revue des documents historiques.* »

30. — A. de Vigny et Charles Baudelaire, candidats à l'Académie française. Étude par ÉTIENNE CHARAVAY. *Paris, Charavay frères, éditeurs, 51, rue de Seine,* 1879, in-16, xii-152 p. et 1 f. n. ch. (profil de Vigny et adresse de l'imprimerie C. Motteroz).

Le faux titre porte : *Deux candidatures à l'Académie française.* Le titre de la couverture est inscrit dans une composition qui n'est pas reproduite à l'intérieur du volume. En regard du faux titre, portrait de *Ch. Baudelaire en* 1861, héliogravure d'après une photographie. P. vii-xii, dédicace à M. Alfred Bovet.

31. — Le centenaire de l'Institut de France, par ÉTIENNE CHARAVAY, archiviste paléographe. *Paris, bureaux de la Revue bleue,* 1895, in-8°, 44 p.

On lit au verso du faux titre : « Extrait de la *Revue bleue* des 19 et 26 octobre 1895 ».

V

BIOGRAPHIE ET NÉCROLOGIE

32. — Notice sur Nicolas Thoynard (d'Orléans), rédigée d'après les notes de Jacques-Charles Brunet, auteur du « Manuel du libraire », par ÉTIENNE CHARAVAY, élève de l'École des Chartes, expert en autographes. *Paris, imp. Ad. Lainé et J. Havard,* 1868, in 8°, 9 p.

Pas de faux titre ni de couverture imprimée. On lit au verso du titre : « Tiré à cent exemplaires ». Extrait du catalogue d'autographes décrit sous le n° 53.

33. — Documents inédits sur Samuel de Champlain, fondateur de Québec, publiés par ÉTIENNE CHARAVAY, archiviste paléographe. *Paris, librairie J. Charavay aîné,* 1875, in 8°, 8 p.

Tirage à part (non spécifié) de la *Revue des documents historiques.*

34. — La Famille messine des Praillon. Notice accompagnée de documents inédits par ÉTIENNE CHARAVAY, archiviste paléographe. *Paris, librairie Charavay ainé*, 1876, in-8°, 11 p.

On lit au verso du titre : « Tiré à 30 ex. et 5 sur vergé teinté. » Extrait de l'*Amateur d'autographes*, n°s 266-267, pp. 162 et suivantes.

Pas de faux titre et couverture non imprimée. Monnaies, jetons et fac-similés de signatures dans le texte.

35. — Jean Lemaire de Belges, indiciaire de Marguerite d'Autriche et Jean Perréal de Paris, pourtraicteur de l'église de Brou. Documents inédits publiés par ÉTIENNE CHARAVAY, archiviste paléographe. *A Paris, chez Alphonse Lemerre*, 1876, in-8°, 2 ff., 18 p. et 1 f. non chiffré.

On lit sur le feuillet non chiffré : « Typ. Motteroz. » Extrait de la *Revue des documents historiques*.

36. — Une famille de peintres alsaciens. Les Guerin (1734-1846), par ÉTIENNE CHARAVAY, archiviste paléographe. *Charavay frères*, 1880, in-4°, 26 p. et 1 f. non chiffré.

On lit au verso du faux titre : « Tiré à soixante-quinze ex. dont cinquante mis dans le commerce. »

Deux portraits hors texte et fac-similé d'autographes dans le texte.

Tirage à part (non spécifié) de la *Revue des documents historiques*, avec imposition nouvelle sur format in-4°.

37. — Jean-Claude Colfavru. Notice par ÉTIENNE CHARAVAY, 1891. *Paris, typ. Gaston Née. S. d.*, in-8°, 16 p. (la dernière non chiffrée).

La couverture imprimée sert de titre. Papier vergé.

En regard du titre de départ, portrait héliogravé d'après une photographie. P. 16, fac-similé d'une lettre [très probablement la dernière] écrite et signée par J.-Cl. Colfavru.

Réimp. augmentée et modifiée, avec adjonction du portrait et du fac-similé, d'un article paru dans la *Révolution française*, tome XX, p. 480 et suivantes.

DEUXIÈME PARTIE

TRAVAUX SPÉCIAUX

I

GÉNÉRALITÉS

38. — La Science des autographes, essai critique, par ÉTIENNE CHARAVAY, archiviste paléographe. Extrait du catalogue Alfred Bovet. *Paris, Charavay frères, libraires-éditeurs, 4, rue de Furstenberg*, 1887, in-4°, LVI p.

On lit au verso du faux titre :
« Cette Notice sert de préface au catalogue de la collection d'autographes formée par M. Alfred Bovet. Elle a été imprimée en tête de l'édition de luxe de cet inventaire.
« Le présent tirage à part comporte trois cents exemplaires numérotés non mis dans le commerce. Numéro ... ».
Ce travail a été traduit en allemand par M. Fischer von Röslerstamm (*Autographe und Autographensammlungen*, von ÉT. CHARAVAY, Graz, 1888, in-8°).
L'auteur en a donné vers la même époque un résumé dans la *Grande Encyclopédie* (v° Autographes).

---

39. — Faux autographes. Affaire Vrain-Lucas. Etude critique sur la collection vendue à M. Michel Chasles et Observations sur les moyens de reconnaître les faux autographes, par ÉTIENNE CHARAVAY, archiviste paléographe, expert en autographes. *Paris, librairie Jacques Charavay aîné; E. Dentu; Alph. Lemerre et chez tous les libraires*, 1870, in-8°, 1 f. et IV-32 p.

Tirage à part (non spécifié) de l'*Amateur d'autographes*, avec un *Avant-propos* inédit.
Epigraphe empruntée au discours d'Eschine contre Ctésiphon.

40. — Etude de Me Bertrand, avoué à la cour de Nancy. Cour d'appel de Nancy (1re chambre). Procès-verbal d'expertise dressé par M. PFISTER, professeur à l'Université de Nancy;

M. ARTHUR GIRY, professeur à l'École nationale des Chartes, demeurant à Paris; M. ÉTIENNE CHARAVAY, archiviste paléographe, demeurant à Paris, entre M. François Dufresne, notaire honoraire, demeurant à Nancy, appelant, contre le domaine de l'État français, représenté par M. le Préfet du département de Meurthe-et-Moselle, demeurant à Nancy, intimé, en présence de M. Duvernoy, archiviste du département de Meurthe-et-Moselle, demeurant à Nancy, hôtel de la Monnaie, intimé. *Nancy, impr. administrative Louis Kreis*, 1897, in-4°, 63 p.
— Rapport supplémentaire d'expertise. *Nancy, impr. administrative Louis Kreis*, 1897, in-4°, 12 p.

---

41. — Revue des documents historiques, suite de pièces curieuses et inédites publiées avec des notes et des commentaires, par ÉTIENNE CHARAVAY, archiviste paléographe. *Paris, A. Lemerre, éditeur; C. Motteroz, imprimeur*, 1873-juin 1881, 8 vol. in-8°.

Les titres et couvertures des tomes VI et VII portent *Charavay frères* au lieu et place d'*A. Lemerre*.

Tome Ier (1873-1874), 4 f. (dont un blanc), 195 p. et 1 f. non chiffré (*Errata* et adresse de l'imprimeur); 23 pl. hors texte.
Tome II (1875), 4 f., 204 p. et 1 f. n. ch. (*Errata* et nom de l'imprimeur); 12 pl. hors texte.
Tome III (1875-1876), 2 f. et 194 p.; 9 pl. hors texte.
Tome IV (1877), 2 f. et 196 p.; 12 pl. hors texte.
Tome V (1878), 2 f. et 199 p.; 8 pl. hors texte.
Tome VI (1879), 2 f. et 203 p.; 10 pl. hors texte.
Tome VII (1880), 2 f. et 204 p.; 8 pl. hors texte.
Tome VIII (1881), 96 p.; 7 pl. hors texte.
Ce volume n'a ni titre ni tables; malgré une note imprimée au verso de la couverture du n° de juin 1881 qui en annonçait la suite, la publication n'a jamais été reprise.

Outre les planches hors texte, la *Revue des documents historiques* renferme de très nombreuses reproductions dans le texte, dont beaucoup à pleine page. Les sept premiers volumes se terminent chacun par deux tables des pièces et des fac-similés et par un index des collections publiques ou privées d'où ces pièces sont tirées.

M. Raoul Bonnet se propose de publier une table générale de ces huit volumes.

Bien que le nom d'Étienne Charavay figure seul sur cette publication, je puis indiquer, sans crainte d'être démenti, que le commentaire de quelques-unes des pièces reproduites a été revu, sinon même rédigé en entier par M. ANATOLE FRANCE : tel est le cas des avertissements relatifs à Mme Du Barry à la mort de Louis XV, à J.-B. Greuze et à sa femme, à Jeanne d'Albret (tome Ier), à une lettre de Louis XIV à Henriette d'Angleterre, aux filles de Louis XV (tome II). M. LÉON DE LA SICOTIÈRE avait également commenté et annoté diverses pièces relatives à la pacification de la Vendée (tome V), ainsi qu'une chanson républicaine en l'honneur de Charette (tome VI). L'auteur du présent travail avait enfin aussi annoté les lettres de Grimm à la duchesse de Saxe-Gotha et les actes notariés passés entre Grimm et Laurent Guyard pour le monument funéraire de la même princesse (tome V).

42. — Supplément à l'Isographie des hommes célèbres, dressé par Étienne Charavay, archiviste paléographe. *Paris, librairie J. Charavay aîné*, 1877, in-4°.

La couverture imprimée sert de titre.

Publication interrompue après la mise au jour de deux séries formant dix livraisons et renfermant le fac-similé de l'écriture ou de la signature des personnages suivants :

1re série : Famille Talon ; Balthasar de Bonnecorse ; la marquise de Sablé ; Berlichingen ; Charles-René-Armand de la Trémoille ; Arvers ; François Boucher ; Claude Mellan ; Viret ; Bernard Palissy ; le chevalier Bertin ; Claude Boyer ; Mlle de Gournay ; Berquin ; Louis Lenain ; Gaston de Foix ; Mme Le Gras ; Pannard ; Pontus de Tiard ; les Adam ; la duchesse de Lesdiguières ; Pierre Matthieu ; Caffieri ; Fragonard ; Charlotte des Essarts ; Mathurin Régnier ; Don Carlos ; Houasse ; Du Bartas ; Marana ; Eisen ; Jean Bologne ; Fatio de Duillier ; les Coustou ; Fra Paolo Sarpi ; Théophile Gautier ; Commynes ; Améric Vespuce ; La Rochejacquelin ; Cathelineau.

2e série : le baron Gérard ; Robert Nanteuil ; David Livingstone ; Caillé ; Bonnivard ; Claude Gellée, dit le Lorrain ; Segond ; Marc Du Val ; Stradivarius ; Claude Berthélemy ; Mansart et Jules Hardouin Mansart ; Du Fouilloux ; Galeazzo ; Maria Sforza ; Etienne et Daniel Du Monstier ; Mlle Duchesnois ; Gavarni ; le sénéchal de Brézé ; Jacques-Claude et Jean de Hoey ; le maréchal de Baudricourt ; Nicolas Chorier ; François Viète ; Pèlerin, dit *le Viateur* ; Richard III ; le marquis d'Aubais ; H. Berlioz ; Christophe Plantin ; H. Testelin ; Rodolphe Töpffer ; Pierre Ramus ; Ch. Parrocel ; Stofflet ; Thorvaldsen ; Mazeppa ; Ant. Desgodetz ; Romeyn de Hooghe ; Gravelot ; Claude de France, fille de Louis XII ; Victor-Emmanuel ; Philibert le Beau, duc de Savoie.

43. — VICTOR HUGO. Histoire d'un crime. Album de fac-similé d'autographes et de portraits, dressé par ÉTIENNE CHARAVAY.

archiviste paléographe, *Paris, Calmann Lévy*, 1878, in-8°, 2 ff. et viii-46 p. non chiffrées.

Les pages non chiffrées contiennent les portraits et les autographes annoncés par le titre.

II

NÉCROLOGIE DES AMATEURS D'AUTOGRAPHES

44. — Pierre-Antoine Labouchère, 1807-1873. *Abbeville, impr. C. Briez, Paillard et Retaux*, s. d. (1873), in-8°, 4 p.

Signé : ÉTIENNE CHARAVAY. On lit p. 4 : « Extrait de l'*Amateur d'autographes*. »

45. — Henri Lambert-Lassus. Notice biographique, par ÉTIENNE CHARAVAY, archiviste paléographe. *Paris, Charavay frères*, 1880, in-8°, 8 p., papier vergé.

Tirage à part (non spécifié) de l'*Amateur d'autographes*.

46. — Pierre-Auguste Dubrunfaut, chimiste, amateur d'autographes. Notice biographique par ÉTIENNE CHARAVAY, archiviste paléographe. *Paris, Charavay frères*, 1882, in-8°, 14 p.

En regard du titre, portrait héliogravé d'après une photographie. Tirage à part (non spécifié) de l'*Amateur d'autographes*.

III

CATALOGUES DES PRINCIPALES VENTES EFFECTUÉES PAR ÉTIENNE CHARAVAY

47. — Catalogue d'une jolie collection de lettres autographes comprenant une curieuse correspondance avec Benjamin Constant (6 mai 1867). In-8°, 20 p., 182 numéros.

Lettres adressées à Benjamin Constant par Andrieux, Pongerville de Jouy, au sujet d'une candidature à l'Académie française, Béranger, Chateaubriand, Antoine Dubois, Camille Jordan, Ch. de

Lacretelle, Victor Cousin, Ch. Nodier, La Fayette, Michelet, Raspail, Mme Récamier, Royer-Collard, Talleyrand, Ad. Thiers, Viennet, etc.

48. — Collection de feu M. DE MONMERQUÉ. Catalogue d'une belle et intéressante collection de lettres autographes, chartes et documents historiques comprenant une lettre de Mme de Sévigné de 21 pages, des autographes de la plupart des membres de sa famille et nombre de pièces qui ont servi à l'édition de ses lettres, provenant du cabinet de feu M. DE MONMERQUÉ, conseiller à la Cour d'appel de Paris, membre de l'Institut (24 et 25 juin 1867). In-8°, 1 f. et 36 p., 214 numéros.

Un certain nombre de dossiers indûment sortis jadis des anciennes archives de la Bastille (alors entassées à la bibliothèque de l'Arsenal et non classées) furent revendiqués par l'État.

49. — Catalogue de la belle et importante collection de lettres autographes et de documents sur la Provence, composant le cabinet de M. BLANCHARD (16 et 17 décembre 1867). In-8°, 42 p., 365 numéros.

50. — Catalogue de la belle collection de lettres autographes, la plupart du xviiie siècle, composant la correspondance de BACULARD D'ARNAUD et provenant du cabinet de feu M. le D^r MAX. MICHELIN, de Provins, chevalier de la Légion d'honneur, correspondant du ministère de l'Instruction publique pour les travaux historiques, membre de plusieurs sociétés savantes (3 février 1868). In-8°, 19 p., 199 numéros.

Voyez le numéro suivant et le n° 73.

51. — Catalogue d'une belle collection de lettres autographes provenant de feu M. le Dr MICHELIN, de Provins (2e partie), de feu M. GRÜN, chef de section aux Archives de l'Empire et de deux autres cabinets connus (12 et 13 juin 1868). In-8°, 40 p., 397 numéros.

52. — Catalogue des autographes précieux composant le cabinet de M. N. YEMENIZ, et d'une importante collection de documents historiques et nobiliaires provenant des cabinets de d'Hozier, Chérin, Chevillard, Clairambault, Lainé, Courcelles, Saint-Allais, etc. (12 mai 1868 et j. s.). In-8°, viii-135 p., 960 numéros.

P. 123-135, *Table des noms de famille* cités dans les documents.

53. — Catalogue des autographes précieux provenant de la bibliothèque de feu M. Jacques-Charles Brunet, auteur du « Manuel du libraire et de l'amateur de livres », chevalier de la Légion d'honneur (19 décembre 1868). In-8°, 47 p., 136 numéros.

La Préface (p. 5-14) contient une biographie de l'érudit Nicolas Thoynard, qui a été tirée à part (voy. le n° 32 ci-dessus). Outre la correspondance de Thoynard, acquise par Brunet à la vente Perrin de Sanson (1836), et décrite ici, le catalogue comportait soixante-deux lettres autographes de J.-J. Rousseau à Mme d'Epinay, et l'un des manuscrits originaux des *Mémoires* de celle-ci, plus un certain nombre de lettres d'érudits et de littérateurs, adressées pour la plupart à Jacques-Ch. Brunet.

54. — Notice d'un précieux manuscrit du xv° siècle de 30 mètres de long, orné de 65 miniatures, d'un manuscrit allemand du xvii° siècle, chef-d'œuvre de calligraphie, de documents sur l'Espagne et l'Inquisition, d'une lettre autographe signée de la reine Marie Stuart, d'une pièce signée par Louis XVI et toute sa famille et autres autographes, dessins, livres et albums précieux (11 mai 1869). In-8°, 16 p., 25 numéros.

La lettre de Marie Stuart, datée du 27 juillet 1568, est adressée à Catherine de Médicis. Parmi les autographes modernes, on remarque une lettre d'Antommarchi sur les causes de la mort de Napoléon, une lettre d'Hortense de Beauharnais à l'impératrice Joséphine, la chanson du *Roi d'Yvetot* écrite et signée par Béranger, et tout un lot de dessins de Roger de Beauvoir.

55. — Catalogue d'une jolie collection de lettres autographes sur la Révolution française, provenant d'un cabinet connu (25 mai 1869). In-8°, 10 p., 89 numéros.

56. — Catalogue d'une belle collection de lettres autographes comprenant une série de lettres d'archevêques de Paris et de documents sur Port-Royal et le jansénisme (2 juin 1869). In-8°, 20 p., 166 numéros.

Les n°s 161-169 sont des livres portant des envois ou des annotations autographes.

57. — Catalogue de la belle collection de lettres autographes composant le cabinet de feu M. El. Huillard (14 février 1890). In-8°, 32 p., 192 numéros.

58. — Catalogue d'une jolie collection de lettres autographes

comprenant une belle série de maréchaux de l'Empire et la correspondance de MM. Treuttel et Wurtz (12 mai 1870). In-8°, 23 p., 231 numéros.

59. — Catalogue d'une importante collection de lettres autographes et de documents manuscrits et imprimés sur l'histoire de France, principalement sur la Révolution française, composant le cabinet du comte DE VERNAC (17 et 18 juin 1870). In-8°, 52 p., 358 numéros.

N°s 1-146, autographes divers. N° 147, recueil sur Voltaire [portraits et autographes, émanant de lui ou à lui adressés, entre autres l'original de la fameuse lettre du comte d'Argenson sur la bataille de Fontenoy]. N° 148, lettre de Saint-Florentin à Louis XV, annonçant qu'il a remis à Mme de Pompadour le brevet de son titre de marquise. N°s 149-150, partitions autographes de Mozart. N° 151, proclamation autographe de la duchesse de Berry (21 mars 1832). N°s 171-202, documents historiques. N°s 203-215, pièces sur la Normandie. N°s 216-236, Révolution française, manuscrits. N°s 237-320, pièces imprimées. N°s 321-330, pièces imprimées sur Paris. N°s 331-347, pièces imprimées sur les arts et métiers. N°s 348-358, imprimés divers.

60. — Catalogue d'une belle collection de lettres autographes provenant des cabinets de feu M. DROMONT et de feu M. DELESTRE, peintre d'histoire, comprenant une précieuse correspondance des grands peintres David et Gros (13 décembre 1871). In-8°, 16 p., 122 numéros.

61. — Catalogue d'une intéressante collection de lettres autographes, la plupart de personnages de la Révolution française et d'artistes, provenant du cabinet de M. P*** (12 mars 1872). In-8°, 22 p., 153 numéros.

62. — Catalogue d'une importante collection de lettres autographes, chartes et documents historiques depuis le xie jusqu'au xixe siècle, de feu le capitaine D'HERVILLY (11-13 avril 1872). In-8°, iv-64 p., 547 numéros.

63. — Catalogue de l'importante collection de lettres autographes composant le cabinet de feu M. GAUTHIER-LACHAPELLE, avocat, secrétaire de l'Institut historique (10-18 mai 1872). In-8°, 2 f. et 176 p., 1448 numéros.

64. — Catalogue de la belle collection de lettres autogra-

phes, chartes, documents sur le protestantisme et pièces historiques composant le cabinet de M. Duvivier (14 décembre 1872). In-8°, 28 p., 192 numéros.

65. — Collection de lettres autographes et de documents historiques sur le règne de Louis XIII, formée par feu M. A. Pécard, conservateur du musée de Tours, décrite et précédée d'une notice par Étienne Charavay, archiviste paléographe. *Paris, libr. J. Charavay aîné; A. Lemerre*, 1873. In-8°, xx-114 p.

Les documents sont présentés dans l'ordre chronologique et suivis d'une table alphabétique.
La collection a été dispersée en quatre vacations, du 1er au 4 juillet 1873.

66. — Catalogue d'une intéressante collection de lettres autographes réunies par feu M. Villenave et provenant de la succession de feue Mme Mélanie Waldor (10 mai 1873). In-8°, 11 p., 89 numéros.

Reliquat d'une collection fameuse par le nombre et l'importance des documents de toute nature qu'avait réunis jadis son possesseur.

67. — Catalogue de l'intéressante collection de lettres autographes, documents sur la Bretagne et manuscrits composant le cabinet de feu M. le marquis de Lescouet (12 et 13 mai 1873). In-8°, 38 p., 314 numéros.

68. — Catalogue d'une précieuse collection de lettres autographes adressées au maréchal de Richelieu, conservées successivement par Sénac de Meilhan, La Borde-Méréville, le comte Le Couteulx de Canteleu, et Mme la vicomtesse Du Manoir (20 mai 1874). In-8°, 16 p., 76 numéros.

Lettres d'amour adressées au vainqueur de Mahon par les femmes les plus célèbres de la Régence et de la première moitié du xviiie siècle. Voir sur cette réunion unique un article signé J. de Saulgé [Anatole France] dans *l'Amateur d'autographes* de mai 1874, p. 65-70.

69. — Lettres autographes recueillies par le peintre Jⁿ Ld Boilly, décrites par Étienne Charavay. *Paris, librairie J. Charavay aîné*, 1874. In-8°, ix-81 p., 781 numéros.

Il faut y joindre une *Table des prix* (8 p.) et 9 pl. des fac-similés de l'écriture ou de la signature des personnages suivants :

les académiciens Racan, Balthasar Baro et Isaac de Benserade; Jean Calvin; les trois Coypel; Honoré Fragonard; Balthasar Keller, le fondeur, Germain Pilon, Daniel Dumonstier, Jacques Sarazin, Rosalba Carriera, La Tour et Greuze; les voyageurs de Blosseville, John Franklin et Bellot; les inventeurs Watt, Jouffroy, Fulton et Stephenson. Tiré à 20 ex. sur papier de Hollande; titre rouge et noir, orné d'une vignette.

La vente de la collection avait eu lieu les 7-10 décembre 1874; le catalogue distribué aux acquéreurs ne comporte aucun fac-similé.

70. — Catalogue d'une précieuse collection de lettres autographes (26 avril 1875 et les trois jours suivants). In-8°, 2 ff. et 105 p., 755 numéros.

Catalogue anonyme qui mérite d'être recherché, car il renferme la plupart des plus belles pièces du cabinet de FEUILLET DE CONCHES.

71. — Catalogue des lettres autographes, principalement des XVIe et XVIIe siècles, composant la collection de feu M. GUIZOT (3 mai 1875). In-8°, 12 p.

Les autographes sont numérotés 3784-3843, par continuation de la vente des livres effectuée par Ad. Labitte.
Parmi les pièces les plus importantes de cette collection (qui ne comporte pas la correspondance personnelle du célèbre homme d'État), on remarque une lettre de Marie-Antoinette à Mme de Lamballe, une lettre de Napoléon Bonaparte à Pozzo di Borgo (11 octobre 1791) et quinze lettres de Richelieu au duc de Luynes.

72. — Catalogue d'une précieuse collection de documents historiques et chartes comprenant une correspondance autographe de Bossuet et de Leibniz, 32 lettres de Mme de Genlis à Philippe-Égalité, un recueil sur Voltaire, des pièces sur les provinces, sur Paris, sur la Révolution française, etc. (28 juin 1875). In-8°, 38 p. (la dernière non chiffrée).

P. 28, fac-similé de la souscription et de la signature d'une lettre de Leibniz à Bossuet; la page non chiffrée contient les fac-similés de quelques lignes de la main de Bossuet et de celle de l'abbé Le Dieu.

73. — Catalogue d'une intéressante collection de lettres autographes (26 février 1876). In-8°, 8 p.

N°s 1-63, papiers du comte Réal, provenant de la succession de Mme Fresnel, sa fille (et renfermant le manuscrit autographe de *Mateo Falcone*, ainsi que des lettres de Béranger et de Thiers à Mérimée); n°s 64-85, papiers de M. Grün.

74. — Catalogue d'une curieuse collection de lettres autographes provenant de la succession de feu M. Paul Foucher (11 mai 1876). In-8°, 16 p., 191 numéros.

75. — Catalogue d'une précieuse collection de lettres autographes sur le xviii° siècle, comprenant, entre autres, une correspondance inédite de Condorcet et 72 lettres inédites de Mlle de Lespinasse (11 avril 1876). In-8°, 15 p., 161 numéros.

76. — Catalogue de l'importante collection de lettres autographes composant le cabinet de feu M. E.-J.-B. Rathery, conservateur directeur-adjoint à la Bibliothèque nationale, vice-président de la Société de l'histoire de France, membre du comité des travaux historiques près le Ministère de l'Instruction publique, chevalier de la Légion d'honneur (24-29 avril 1876). In-8°, viii-120 p., 1084 numéros.

P. v-viii, notice sur M. Rathery et sa collection.

77. — Catalogue d'une curieuse collection de lettres autographes composant le cabinet de M. Reignarg [Grangier de la Marinière] et composant une belle série de lettres d'artistes et de pièces modernes pouvant servir pour illustrations, et des papiers provenant de Le Kain et de Frédérick-Lemaitre (29 mai 1876). In-8°, 24 p., 196 numéros.

78. — Catalogue d'une curieuse collection de lettres autographes de papes, saints, bienheureux et prélats, peintres, musiciens, artistes dramatiques, littérateurs modernes, et comprenant la correspondance de Carmoucne (28 novembre 1876). In-8°, 20 p., 190 numéros.

79. — Miniatures et autographes concernant Marie-Antoinette et la famille royale, provenant de la duchesse Yolande de Polignac, gouvernante des enfants de France (1er février 1877). In-8°, 12 p., papier vergé.

P. 7-8, *Miniatures* (9 n°s; expert, M. Ch. Mannheim). P. 9-12, *Autographes* (28 numéros).

80. — Inventaire des autographes et documents historiques recueillis par M. Benjamin Fillon, décrits par Étienne Charavay,

archiviste paléographe. *Paris, Charavay frères*, 1878-1883, 3 vol. in-4°.

Tome I. *Inventeurs et initiateurs. Chefs de gouvernement. Hommes d'État. Révolution française. Navigateurs et explorateurs. Savants et érudits*, 2 ff. (faux titre et titre rouge et noir), xii-239 p. et 2 ff. non ch. (table et nom de l'imprimeur). Portrait de Benjamin Fillon, gravé à l'eau-forte par M. Félix Bracquemond, en regard du titre, et 8 planches hors texte en héliogravure par M. P. Dujardin : 1° charte d'Aliénor d'Aquitaine; — 2° lettre de Philippe de Commynes; — 3° lettre du cardinal de Richelieu ; — 4° lettre de Romme sur l'abbé Sicard, arraché aux massacres de septembre; — 5° lettre de Camille Desmoulins à sa femme; — 6° lettre de Robespierre; — 7° document sur la journée du 9 thermidor, portant la dernière signature de Saint-Just; — 8° lettre d'Améric Vespuce.

Nombreux fac-similés dans le texte, ainsi que dans les deux volumes suivants.

Tome II (1879). *Écrivains. Artistes dramatiques. Architectes. Sculpteurs. Peintres. Graveurs. Compositeurs de musique.* 391 p., y compris le titre et le faux titre rouge et noir, 1 f. blanc et 2 ff. non chiffrés (table et nom de l'imprimeur) et 12 pl. hors texte : 1° lettre de Rabelais à Budé ; — 2° quittance de Jean Juste ; — 3° lettre du Pérugin ; — 4° lettre de Michel-Ange ; — 5° lettre de Michel-Ange ; — 6° lettre du Titien ; — 7° quittance de Raphaël ; — 8° lettre de Jules Romain ; — 9° lettre de Benvenuto Cellini ; — 10° lettre de Rembrandt ; — 11° lettre de Rameau ; — 12° lettre de Gluck.

Le tome III, dont le titre n'a pas été imprimé, renferme les séries suivantes :

Clergé catholique. Réformateurs et réformés illustres. Hommes de guerre. Vendée contre-révolutionnaire. Célébrités diverses. Il comporte 200 p. et devait être orné des pl. hors texte suivantes : 1° Crillon (n° 2661 du catalogue); 2° Turenne (2685); 3° Carnot (2739); 4° Victor Moreau (2784); 5° Lannes (2818); 6° Marlborough (2860); 7° Washington (2901); 8° Cathelineau, Bonchamp, Sapinaud, etc. (2921); 9° La Rochejacquelein et autres (2939) ; 10° Catherine de Parthenay (2958); 11° Louise de La Vallière (2968). Toutes ces pl. sont demeurées inédites et à l'état d'épreuves avant la lettre.

Les deux premiers volumes ont été tirés à 250 ex. sur papier vergé et à 5 ex. sur Whatman.

Il a été en outre imprimé, pour compléter le tome III, et tiré à part à 50 ex. non mis en vente, l'article suivant :

— Tables des documents et fac-similés de la collection d'autographes réunis par M. B. Fillon, dressées par Maurice Tourneux. *Paris, Charavay frères*, 1891, in-4°, lxviii p. et 2 ff. non chiffrés (Table du volume et nom de l'imprimeur).

Ces tables sont subdivisées en cinq séries : 1° documents; 2° planches hors texte; 3° pièces reproduites dans le texte; 4° cachets, sceaux et devises; 5° souscriptions et signatures.

La collection formée par M. Fillon a été dispersée en six ventes successives pour lesquelles le catalogue avait été divisé en fascicules dont voici l'indication sommaire :

Séries I-II. Initiateurs. Inventeurs. Chefs de gouvernement. (6-15 février 1877), 2 ff. et xix-80 p.

Séries III-IV. Révolution française. Navigateurs. Savants et érudits. (20-21 avril 1877), 2 ff. 125 p. et 1 f. non ch.

Séries V-VIII (15 juillet 1877), 19 et 223 p.

Séries IX et X (15-17 juillet 1879), 214 p.

Séries XI et XII (19 décembre 1882), 2 ff. et 80 p.

Séries XIII-XV (27 juillet 1883), 126 p.

Toutes n'ont été tirées que sur papier ordinaire et sans fac-similés hors texte, sauf les séries IX-X renfermant les écrivains et les artistes.

81. — Autographes de littérateurs et d'artistes dramatiques contemporains (30 mars 1877). In-8° carré, 44 p., 239 numéros.

Nombreux fac-similés dans le texte. Il a été tiré quelques exemplaires sur papier vergé.

82. — Catalogue de la belle collection de lettres autographes comprenant le cabinet de feu M. le marquis DE LOYAC (15 décembre 1877). In-8° carré, 24 p., 195 numéros.

P. 1-2. Préface, p. 23-24, table systématique.

83. — Autographes d'écrivains, peintres, compositeurs de musique et artistes dramatiques contemporains (21 janvier 1878). In-8° carré, 28 p., 246 numéros.

84. — Lettres autographes recueillies par feu M. ALFRED SENSIER, décrites par ÉTIENNE CHARAVAY, archiviste paléographe. *Paris, Charavay frères*, 1878, in-4°, vii-132 p.

Papier vergé. Titre rouge et noir. Tiré à 50 ex. et orné, outre de nombreux fac-similés dans le texte, d'un portrait d'Alfred Sensier, héliogravé par Amand Durand, d'après une photographie de Laverdet, ainsi que de 8 pl. également héliogravées : 1° lettre de Marie-Antoinette; 2° ordre d'exécution d'Hébert et de dix-huit autres condamnés; 3° lettre de Vergniaud; 4° lettre de Georges Cadoudal; 5° lettre de Gilbert; 6° lettre de Jules Romain; 7° lettre de Carl Maria von Weber; 8° lettre de Diane de Poitiers.

Le journal *l'Art* avait fait également reproduire les lettres d'Ingres, de Bonington, de G. Courbet et de Pierre Puget, qui ont été tirées à part sur papier vergé, à petit nombre, dans le format du catalogue auquel on peut les joindre.

La collection avait été dispersée aux enchères les 11, 12 et 13 février 1878.

Le catalogue distribué aux acquéreurs ne comportait que 124 p. et ne renfermait ni les pl. hors texte, ni la préface, ni, bien entendu, la liste des prix.

85. — Catalogue des lettres autographes et des documents historiques composant la collection théâtrale de M. Léon Sapin (11 mars 1878). In-8°, 2 ff. et ii-43 p., 231 numéros.

Au verso du faux titre, fac-similé d'autographes de Chassé, de Trivelin, de Mlle Sallé, de Larrivée et de Mlle Devienne. Il a été tiré de ce catalogue quelques ex. sur papier vergé.

86. — Catalogue de la bibliothèque et des autographes de feu M. Edmond de Manne, chevalier de la Légion d'honneur, conservateur-adjoint à la Bibliothèque nationale (18 et 19 mars 1878). In-8°, 2 ff. et iv-39 p.

P. i-iv. Notice par M. Ch. Ménétrier (Listener). P. 33, lettres autographes (n°s 231-298).
L'expert chargé de la vente des livres était M. Antonin Voisin.

87. — Lettres autographes de célébrités anciennes et modernes comprenant la correspondance de Plouvier et de Méry et des documents sur l'histoire de Paris pendant la Révolution (6 mai 1878). In-8°, 24 p., 226 numéros.

88. — Bibliothèque, portraits, dessins et autographes de feu M. Auguste Poulet-Malassis (1er-4 juillet 1878). In-8°.

Les autographes forment 50 numéros, décrits p. 131-140. Les manuscrits de Baudelaire furent acquis par Eugène Crépet, qui en tira en partie les éléments des *Œuvres inédites* du poète, publiées en 1887 (in-8°).

89. — Catalogue d'une importante collection de lettres autographes de femmes célèbres (12 juillet 1878). In-8°, 29 p.; 186 numéros.

90. — Catalogue de lettres autographes composant la collection de feu M. Laurent Veydt, ancien ministre du roi des Belges (10-13 décembre 1878). In-8°, viii-84 p., 675 numéros.

Il a été tiré quelques ex. sur papier vergé.

91. — Catalogue d'une belle collection de lettres autographes provenant du cabinet de M. F. DE VILLARS (17 février 1879). In-8°, 16 p., 161 numéros.

Particulièrement riche en documents sur les musiciens.

92. — Catalogue des lettres autographes, documents historiques, curiosités révolutionnaires, livres, sceaux, etc., composant le cabinet de M. le baron DE GIRARDOT, ancien secrétaire général de la préfecture de la Loire-Inférieure (13 et 14 juin 1879). In-8°, 46 p., 410 numéros.

93. — Catalogue d'une intéressante collection de lettres autographes comprenant la correspondance d'HIPPOLYTE LUCAS (15 décembre 1879). In-8°, 31 p., 204 numéros.

Les lettres adressées à Hipp. Lucas n'occupent que les n°s 173-204.

94. — Catalogue de l'intéressante collection de lettres autographes comprenant le cabinet de feu M. J.-P. MAHÉRAULT, ancien conseiller d'État (4 mars 1880). In-8°, 36 p., 253 numéros.

P. 3-6. Notice sur M. Mahérault.

95. — Catalogue d'une précieuse collection de lettres autographes et de documents historiques provenant des correspondances de la banque de Saint-Georges à Gênes, de Galilée, de Voltaire, etc., et comprenant d'importants autographes anciens et modernes, des chartes, des documents sur le XVI° siècle, etc. (17 avril 1880). In-8°, 48 p., 298 numéros.

P. 3-6. *Préface.* P. 7. Première série. *Lettres adressées aux officiers de la banque de Saint-Georges, à Gênes.* P. 11. Deuxième série. *Lettres autographes de Voltaire.* P. 14. Troisième série. *Lettres adressées à Voltaire.* P. 25. *Autographes anciens du XIV° au XVIII° siècle.* P. 37. *Célébrités du XIX° siècle.*

Presque toutes les lettres composant cette dernière série sont adressées à Bocage.

96. — Catalogue d'une intéressante collection de lettres autographes provenant en partie du cabinet de M. F. DE VILLARS et comprenant la correspondance d'AMÉDÉE ACHARD (21 avril 1880). In-8°, 27 p., 269 numéros.

N°s 241-268, lettres adressées à Amédée Achard.

97. — Catalogue de l'intéressante collection de lettres autographes composant le cabinet de feu M. le baron Taylor, président fondateur de l'Association des artistes dramatiques, membre de l'Institut, grand officier de la Légion d'honneur (17 juin 1880). In-8°, 21 p., 198 numéros.

Ce catalogue très succinct n'a pas été rédigé par Étienne Charavay. Une seconde vente, provenant du même cabinet, a eu lieu le 3 juin 1881 et comporte 18 p. et 241 numéros.

98. — Catalogue de la précieuse collection de lettres autographes composant le cabinet de feu M. Chambry, ancien maire du Ier arrondissement, chevalier de la Légion d'honneur (7-9 mars 1881). In-8°, iv-90 p., 675 numéros.

99. — Catalogue d'une belle collection d'autographes composant le cabinet d'un amateur anglais et comprenant une importante série d'artistes dramatiques et des correspondances de Talma (27 novembre 1881). In-8 carré, 48 p., 248 numéros.

100. — Catalogue d'une précieuse collection d'autographes et de dessins provenant d'Alfred de Musset et de Paul de Musset ([vente annoncée pour le] 1er décembre 1881). In-8°, 32 p., 225 numéros.

Remise au dernier moment à une date ultérieure, par suite de la mort de Mme Paul de Musset, la vente n'eut lieu que le 6 avril 1883 et un nouveau catalogue comportant 26 p. et 156 numéros fut alors imprimé. Il présente quelques différences avec le premier.

101. — Catalogue d'une importante collection de lettres autographes, composant le cabinet d'un amateur connu et comprenant un précieux dossier sur la canonisation de saint Vincent de Paul et une correspondance du grand Frédéric (30 janvier 1882). In-8° carré, 51 p., 239 numéros.

La couverture imprimée porte en outre « et des documents sur le procès et l'exécution de Louis XVI ».
Ces documents sont en effet décrits sous le n° 234; la correspondance inédite de Frédéric II avec le baron de Horst, ministre d'État (1772-1786), le dossier sur saint Vincent de Paul portent les n°^{s} 236-237 et un supplément renferme un testament de Voltaire en date du 10 juillet 1769, ainsi qu'une liasse de pièces importantes pour la biographie du maréchal Oudinot.

102. — Catalogue d'une importante collection de lettres autographes comprenant de précieuses correspondances d'A. DE HUMBOLDT et de SISMONDI et des papiers du chevalier DE BALLEROY (14 mars 1882). In-8° carré, 37 p., 268 numéros.

Les 305 lettres d'Alex. de Humboldt sont adressées à Héléna-Maria Williams (1811-1815); celles de Sismondi, au nombre de 75, à Mme Major (1827-1841).

103. — Catalogue d'une précieuse collection d'autographes composant le cabinet de feu M. EMILE COTTENET, secrétaire général de la chambre de commerce de Paris, chevalier de la Légion d'honneur, et comprenant une série de lettres d'artistes français et étrangers (30-31 mars et 1er avril 1882). In-8, 94 p., 681 numéros.

Très intéressante réunion, l'une des plus riches qui aient existé en ce genre; la perle de la collection était une lettre de Velasquez, qui a passé dans le cabinet de feu M. Alfred Morrison, à Londres.

104. — Catalogue de la collection d'autographes composant le cabinet de M. BAYLÉ (1883-1889).

Sous ce intitulé, qui a plusieurs fois légèrement varié, ont été effectuées diverses ventes dont voici l'indication sommaire :
— Catalogue... comprenant de précieuses correspondances avec le maréchal de Richelieu (22 avril 1882). In-8°, 28 p., 206 numéros.
— Notice de lettres autographes vendues en lots (28 juin 1882), 7 p., 48 numéros.
— Catalogue... comprenant une importante réunion de chartes (3 mai 1883), 22 p., 171 numéros.
— Catalogue... (10 décembre 1883), 32 p., 205 numéros.
— Catalogue... (23 juin 1884), 34 p., 205 numéros.
— Catalogue... (29 janvier 1885), 27 p., 183 numéros.
— Catalogue... comprenant des chartes, des documents historiques sur la noblesse et sur les provinces (23 décembre 1885), 35 p., 217 numéros,
— Catalogue... comprenant une correspondance de la duchesse de Berri et des documents sur la noblesse et les départements (17 décembre 1886), 31 p., 194 numéros.
— Catalogue... comprenant des chartes des XIIe et XIIIe siècles, une bulle du pape Alexandre III sur la commune de Laon, une histoire de la salle du Théâtre-Italien à Paris, des documents sur Paris, sur les départements, sur les familles nobles, etc. (9 décembre 1887), 35 p., 218 numéros.
— Catalogue... Documents historiques, pièces sur les provinces et sur la noblesse (19 janvier 1889), 24 p., 188 numéros.

105. — Catalogue d'une précieuse collection d'autographes et de documents historiques composant le cabinet d'un amateur russe et comprenant une série de pièces de vers des plus célèbres poètes français contemporains (25 mai 1882). In-8° carré, 67 p., 395 numéros.

106. — Catalogue d'une précieuse collection d'autographes et de documents historiques provenant des cabinets de MM. B. Fillon et L. Potier, etc., et comprenant 38 manuscrits de Lamennais, un manuscrit autographe de Mirabeau et un dossier unique sur le mariage de Louis XV (30 mai 1882). In-8° carré, 36 p., 203 numéros.

Le recueil formé par Menin, conseiller au Parlement de Metz, sur le mariage de Louis XV et de Marie Leczinska et comportant 269 pièces manuscrites ou imprimées, a été acquis par la Bibliothèque de la ville de Paris.

107. — Catalogue d'une précieuse collection d'autographes comprenant d'importantes correspondances de Voltaire avec Helvétius, de l'abbé d'Olivet, du prince Henri de Prusse, du poète Ducis, du général Drouot et de Virginie Déjazet (20 décembre 1882). In-8° carré, 54 p., 227 numéros.

Les lettres de d'Olivet sont adressées à Voltaire, celles du prince Henri et de Ducis à un prince allemand, celles de Drouot à son camarade Evain et celles de Déjazet à l'un de ses amants.

108. — Catalogue de la précieuse collection de lettres autographes composant le cabinet de feu M. A.-P. Dubrunfaut, chimiste, officier de la Légion d'honneur (1883-1890).

Cette collection, l'une des plus nombreuses qu'ait formées un particulier, a été morcelée en un grand nombre de ventes dont on trouvera ci-après le détail sommaire.

— Première série. *Chefs de gouvernement et princes* (29 et 30 janvier 1883). In-8° carré, 76 p., 454 numéros.

— Deuxième série. *Compositeurs de musique, Artistes dramatiques* (23 et 24 mai 1883). In-8° carré, 50 p., 398 numéros.

— Troisième série. *Peintres, sculpteurs, graveurs, architectes* (18 et 19 janvier 1884). In-8° carré, 53 p., 404 numéros.

— Quatrième série. *Papes, clergé* (8 avril 1884). In-8° carré, 52 p. 348 numéros.

— Cinquième série. *Femmes célèbres* (30 juin 1884). In-8° carré 30 p., 198 numéros.

— Sixième série. *Lettres de Voltaire. Lettres adressées à Voltaire* (22 décembre 1884). In-8° carré, 36 p., 188 numéros.

— Septième série. *Révolution française. Manuscrits de Mirabeau* (19, 20 et 21 mars 1885). In-8° carré, 104 p., 692 numéros.

— Huitième série. *Hommes de guerre et marine* (16 et 17 novembre 1885). In-8° carré, 63 p., 443 numéros.

— Neuvième série. *Savants* (21 et 22 avril 1886). In-8° carré, 46 p., 384 numéros.

— Dixième série. *Ecrivains* (20, 21 et 22 décembre 1886). In-8° carré 99 p., 747 numéros.

— Onzième vente. *Divers* (2 avril 1887). In-8° carré, 26 p., 192 numéros.

Les séries suivantes ont été dispersées sous des titres qui ont plusieurs fois varié et dont je ne donne que les parties essentielles.

— Notice de lettres autographes, manuscrits, documents, etc., comprenant entre autres la correspondance de Jullien, de Paris (19 mars 1884). In-8°, 4 p., 24 numéros.

Dossiers et travaux inédits pour la plupart vendus en lots.

— Notice d'autographes et de documents et d'une importante collection de 13.000 cachets (1er juillet 1887). In-8° carré, 7 p., 53 numéros.

— Catalogue... comprenant des lettres de Mélanchton, Bossuet, Malebranche, J.-J. Rousseau, Mirabeau, Barbaroux, Marat, etc., des correspondances de Duclos et de Florian (23 décembre 1887). In-8° carré 29 p., 191 numéros.

A cet ensemble se rattachent les catalogues suivants qui, sauf un seul, ne portent point de numéros de série et dont je crois inutile de reproduire les intitulés toujours les mêmes.

— Catalogue... (20 mars 1888). In-8° carré, 29 p., 197 numéros.

Pièces diverses parmi lesquelles on peut signaler l'original, avec ratures et corrections, de la célèbre chanson grivoise de Lazare Carnot : *Jamais, et pourtant*.

— Catalogue... (15e vente) (25 juin 1888). In-8° carré, 26 p., 192 numéros.

— Catalogue... (13 mai 1889). In-8°, carré, 22 p. 172 numéros.

— Catalogue... (25 juin 1889). In-8° carré, 25 p., 195 numéros.

— Catalogue... (28 décembre 1889). In-8° carré, 24 p., 173 numéros.

— Catalogue... (1er avril 1890). In-8° carré, 26 p., 199 numéros.

— Catalogue... (24 juin 1890). In-8° carré, 27 p., 173 numéros.

— Catalogue... (27 décembre 1890). In-8° carré, 20 p., 162 numéros.

109. — Catalogue d'une intéressante collection d'autographes de célébrités du xixe siècle, contenant une belle série de pièces de vers (1er juin 1883). In-8° carré, 28 p., 182 numéros.

P. 1.-2, préface énumérant les principales pièces de la collection.

110. — Catalogue d'une précieuse collection d'autographes et de documents historiques concernant le Nivernais et compo-

sant le cabinet de feu M. Grangier de la Marinière, ancien député de la Nièvre, ancien préfet de la Haute-Marne, ancien membre de la Société des bibliophiles français (2 juin 1882). In-8° carré, 39 p., 203 numéros.

P. 1.-2, notice sur M. Grangier de la Marinière.
Il a été tiré de ce catalogue des exemplaires sur papier vergé.

111. — Catalogue d'une précieuse collection d'autographes comprenant des correspondances de P.-A. de Beaumarchais, provenant de feu M. L. de Loménie, membre de l'Académie française, et des dossiers de Sophie Arnould, l'abbé Grégoire, Louis XIV, Maret, duc de Bassano, le duc de Saint-Aignan (14 décembre 1883). In-8° carré, 39 p., 194 numéros.

112. — Catalogue d'une curieuse collection d'autographes provenant en partie du cabinet de la marquise de Barol et accompagnés de notes de Silvio Pellico (21 janvier 1884). In-8° carré, 39 p., 191 numéros.

113. — Lettres autographes composant la collection de M. Alfred Bovet, décrites par Étienne Charavay. Ouvrage imprimé sous la direction de Fernand Calmettes. *Paris, Charavay frères*, 1887, in-4°, LXVI-880 p.

Titre rouge et noir et filets rouges encadrant le texte. Tirage à 590 ex. numérotés dont 320 mis dans le commerce, savoir : 20 sur japon ; 240 sur papier vergé teinté ; 60 sur papier vélin blanc.
Les ex. sur japon et sur vélin blanc sont brochés en deux tomes.
Nombreux fac-similés dans le texte et 49 pl. hors texte.
P. v-lvi, *Préface*. P. 1, *Catalogue*. P. 819, *Table des chapitres* [et des séries]. P. 821, *Table analytique*. P. 865, *Table des gravures*. P. 867, *Liste des prix*.
La collection Alfred Bovet a été dispersée en trois ventes pour lesquelles le catalogue avait été ainsi divisé :
Séries I-IV (10-19 février 1884), iv-184 p.
Séries V-VI (19-21 juin 1884), v-x-185-488 p.
Séries VII-X (23-25 juin 1885), xiii-xviii-489-816 p.
La table alphabétique répartie dans les trois fascicules avait été paginée en chiffres romains et formait xxvi pages.

114. — Catalogue d'une intéressante collection de lettres autographes, documents historiques, faïences, gravures, assignats, médailles, etc., concernant la Révolution française, provenant d'un cabinet connu (28 avril 1884). In-8° carré, 26 p., 284 numéros.

Une seconde vente de même nature a eu lieu le 9 juin 1886 ; le catalogue comporte 26 pages et 193 numéros.

115. — Catalogue d'une intéressante collection d'autographes provenant d'un cabinet connu [et des papiers de Théophile Silvestre] (27 mai 1884). In-8° carré, 26 p., 207 numéros.

116. — Catalogue d'une précieuse collection d'autographes de compositeurs de musique comprenant des pièces de Bach, Mozart, Gluck, J.-J. Rousseau, Rameau, Cimarosa, Beethoven, Haydn, Weber, Bellini, Donizetti, Meyerbeer, Rossini (16 juin 1884). In-8° carré, 26 p., 185 numéros.

Une autre vente de même nature eut lieu le 1er décembre de la même année. Le catalogue comportait 24 pages et 177 numéros.

117. — Catalogue d'autographes composant le cabinet de feu M. Antoine de Latour, secrétaire des commandements de S. A. S. Mgr le duc de Montpensier (12 juin 1885). In-8°, 28 p., 172 numéros.

Précédé d'une notice sur les principales curiosités de cette collection.

118. — Catalogue d'une précieuse collection de lettres autographes de souverains français et étrangers, comprenant des dossiers sur Louis XVI et Marie-Antoinette, une lettre autographe de Napoléon Ier, une correspondance de Charles X avec la comtesse Diane de Polignac, une lettre de Marie-Amélie, une correspondance inédite de la duchesse d'Orléans, mère de Louis-Philippe, des chartes du pape Honorius III et de la reine Aliénor d'Aquitaine, un dossier sur l'assassinat du duc de Berry, etc. (15 et 16 avril 1885). In-8° carré, 53 p., 305 numéros.

P. 1-2, énumération des principales curiosités de la collection.

119. — Catalogue d'une curieuse collection de lettres autographes des célébrités du xixe siècle (23 novembre 1885). In-8° carré, 44 p., 269 numéros.

120. — Catalogue d'une importante collection de lettres autographes provenant de feu M. le baron de Gérando, membre de l'Académie des sciences morales et politiques, et du cabinet d'un amateur étranger comprenant des correspondances de Mmes Récamier et de Staël et un précieux dossier de lettres

adressées à Haller (20 février 1886). In-8° carré, 24 p., 200 numéros.

121. — Catalogue d'une intéressante collection de lettres autographes composant le cabinet de feu M. ALFRED POTIQUET, chevalier de la Légion d'honneur (12 mars 1886). In-8° carré, 28 p., 215 numéros.

P. 1-2. Notice sur M. Alfred Potiquet, auteur d'un excellent répertoire de renseignements biographiques et statistiques sur l'*Institut de France, ses diverses organisations, ses membres, ses associés et ses correspondants* (1871, in-8°). La collection d'autographes de l'auteur avait été formée en vue de ce travail.

122. — Catalogue d'une importante collection de lettres autographes formée par un amateur du nord de la France (12 mai 1886). In-8° carré, 54 p., 292 numéros.

La *Préface* (p. 1-2) énumère les principales curiosités de cette collection riche en documents sur les deux derniers siècles et sur la Révolution (hommes et événements) dans les départements du Nord, entre autres une épitre en vers et en prose de Robespierre sur un voyage d'Arras à Carvin (1783) et deux autres lettres de sa jeunesse.

123. — Catalogue d'une précieuse collection de lettres autographes concernant Napoléon Ier et sa famille et comprenant un autographe unique de Napoléon Ier, une importante série de lettres des maréchaux et des généraux de l'Empire, des ministres de Napoléon Ier, et des documents historiques (22 mars 1888). In-8° carré, 55 p., 225 numéros.

P. 1-2. *Préface.*
Nombreux fac-similé : p. 9, commencement du procès-verbal, rédigé par Bonaparte, de la fête de la République célébrée à Milan le 26 messidor an V (14 juillet 1797); p. 17, signatures de Jérôme, Elisa et Joseph Bonaparte; p. 25, de Louis Morland, Roger, Valhubert, Mazon, tués à Austerlitz, et du comte de Saint-Hilaire, blessé mortellement à Essling; p. 35, d'Auguste Caulaincourt, Delzons, Gudin, Eblé; p. 25, de Taupin, Letort, Desvaux, du baron Michel.

124. — Catalogue d'une importante collection de lettres autographes, documents historiques, assiettes en faïence, etc., concernant la Révolution française (9 juin 1886). In-8° carré, 26 p., 193 numéros.

125. — Catalogue d'une précieuse collection de lettres autographes comprenant une correspondance de J.-J. Rousseau avec

Mme de Warens et une correspondance amoureuse de J.-B. Louvet avec sa femme (25 juin 1886). In-8° carré, 35 p., 173 numéros.

126. — Catalogue de l'importante collection d'autographes concernant la Lorraine et composant le cabinet de feu M. ÉDOUARD MEAUME, ancien avocat à la cour d'appel de Nancy, ancien professeur à l'École forestière, membre de l'Académie de Stanislas, chevalier de la Légion d'honneur (15 février 1887). In-8° carré, 53 p., 276 numéros.

P. 3-4. *Préface.*
Il a été tiré de ce catalogue quelques ex. sur papier vergé.

127. — Catalogue d'une importante collection de lettres autographes comprenant une importante série de membres de l'Académie française (10 juin 1887). In-8° carré, 30 p., 212 numéros.

128. — Catalogue d'une importante collection de lettres autographes d'artistes français et étrangers (7 et 8 novembre 1887). Gr. in-8°, v-70 p., 439 numéros.

Pièces provenant pour la plupart des cabinets Sensier, Fillon, Bovet, Cottenet et Dubrunfaut.
Fac-similé de Jean Pélerin, dit *le Viateur*, de Jordaens, de Blarenberghe, de Claude Bertelemy et de Le Vau.

129. — Catalogue d'une importante collection de lettres autographes et de documents historiques comprenant une très précieuse correspondance de 132 lettres du cardinal de Richelieu avec Claude Le Bouthillier (11 février 1888). In-8° carré, 24 p., 37 numéros.

La rédaction de ce catalogue était due à A-W. Thibaudeau.

130. — Catalogue d'une intéressante collection de lettres autographes d'auteurs et d'artistes dramatiques provenant de feu M. VIOLET D'EPAGNY, auteur dramatique, directeur de l'Odéon, et comprenant le journal inédit de Joanny et des documents sur le Théâtre-Français et l'Odéon (16 janvier 1888). In-8° carré, 32 p., 200 numéros.

131. — Catalogue d'une importante collection de lettres autographes, chartes et documents historiques provenant de la collection de M. L. T. [LÉON TECHENER] et comprenant des lettres de

Charles IX, Diane de Poitiers, sainte Chantal, saint Vincent-de-Paul, Bossuet, Boileau-Despréaux, J.-J. Rousseau, Voltaire, etc., et une précieuse série de chartes sur la Normandie (9 février 1888). In-8° carré, 64 p., 402 numéros.

132. — Catalogue d'une importante collection de lettres autographes provenant en partie du cabinet de feu M. CHARLES MONSELET et comprenant une correspondance de Victor Hugo, l'original de la célèbre pièce d'Alfred de Vigny : « les Amants de Montmorency », des lettres de Ferdinand le Catholique, François II, Cromwell, Latude, Caroline d'Autriche, la duchesse d'Angoulême, Chateaubriand, Lamartine, Ch. Baudelaire, etc. (18 décembre 1888). In-8° carré, 31 p., 174 numéros.

Les lettres adressées à Monselet sont décrites sous les n°s 145-174.

133. — Catalogue d'une importante collection de lettres autographes comprenant une précieuse correspondance de Mme de Staël et des lettres de Marguerite d'Angoulême, Ribadeneyra, Prudhon, Camille Desmoulins, Byron, Hégésippe Moreau, etc. (21 novembre 1888). In-8° carré, 48 p., 200 numéros.

P. 9, 25, 41, fac-similé divers.
Les lettres de Mme de Staël sont adressées à Alborghetti et à Vincenzo Monti.

134. — Catalogue d'une importante collection de lettres autographes comprenant des lettres d'Erasme, Catherine de Médicis, Boileau-Despréaux, la marquise de Sévigné, Segrais, Vauvenargues, Gresset, Marie-Antoinette, Mendelssohn-Bartholdi, Napoléon III, Ch. Baudelaire, une pièce de vers de Lamartine, des correspondances des actrices Raucourt, Duchesnois, Déjazet, etc. (22 décembre 1888). In-8° carré, 35 p., 171 numéros.

P. 9 et 25, fac-similés divers, entre autres (p. 25) deux lignes et une signature de Marie-Antoinette, dauphine.

135. — Catalogue d'une importante collection de lettres autographes composant le cabinet de feu M. JULES DESNOYERS, membre de l'Institut (18-19 avril 1889). In-8° carré, 55 p., 404 numéros.

136. — Catalogue de l'intéressante collection de lettres autographes composant le cabinet de M. JOSEPH RENARD, de Lyon (18 mai 1889). In-8° carré, 22 p., 160 numéros.

137. — Catalogue d'une importante collection de lettres autographes de compositeurs de musique, auteurs et artistes dramatiques composant le cabinet de M. A. V. [ALBERT VIZENTINI], comprenant des lettres de Mozart, Prenni, Beethoven, Weber, Chopin, Berlioz, Wagner, Bizet, Murger, Clairon, Le Kain, Rachel, etc. (21 décembre 1889). In-8° carré, 38 p., 236 numéros.

138. — Catalogue de la collection de lettres autographes composant le cabinet de feu M. LOUIS ULBACH, bibliothécaire de l'Arsenal, officier de la Légion d'honneur (16 janvier 1890). In-8° carré, 14 p., 115 numéros.

139. — Catalogue d'une intéressante collection de lettres autographes et de documents historiques d'artistes, de littérateurs et d'hommes politiques du XIXe siècle, adressées à l'illustre sculpteur DAVID D'ANGERS (24 mars 1890). In-8° carré, 23 p., 157 numéros.

140. — Catalogue d'une intéressante collection de lettres autographes d'écrivains et d'artistes de l'école romantique, parmi lesquels Chateaubriand, Lamartine, Victor Hugo, Balzac, Gautier, Lamennais, Beyle, Dumas, Alfred de Musset, Baudelaire, Eugène Delacroix, Dorval, Frédérick-Lemaitre, Rachel (16 mai 1890). In-8° carré, II-87 p., 199 numéros.

P. I-II. *Avant-propos.*
Collection provenant en majeure partie du cabinet de feu M. EUGÈNE CRÉPET.

141. — Catalogue de l'importante collection de lettres autographes composant le cabinet de feu M. le marquis DE QUEUX DE SAINT-HILAIRE (6 janvier 1891). In-8° carré, 52 p., 335 numéros.

142. — Catalogue des autographes composant la collection CHAMPFLEURY (29 janvier 1891). In-8°, XX-36 p., 177 numéros.
Préface de M. Paul Eudel intitulée : *Champfleury et ses amis.* Nombreux fac-similé hors texte (Champfleury [à M. Paul Eudel], Barbey d'Aurevilly, Ch. Baudelaire, F. Bonvin, Champfleury [à Poulet-Malassis], Gustave Courbet, G. Flaubert, Th. Gautier, Victor Hugo, Henry Murger, Regnier-Destourbet, George Sand), et dans le texte (Ch. Asselineau, Th. de Banville, Ch. Barbara, Rodolphe Bresdin, Chintreuil, Ch. Dickens, Eug. Labiche, Ed. Manet, Poulet-Malassis, A. Schanne [Schaunard], Richard Wagner, Jean Wallon [Colline]).

143. — Catalogue d'une précieuse collection de lettres autographes et de documents historiques de Napoléon Ier, de sa

famille, de ses maréchaux, de ses ministres, etc. (5 juin 1891). In-8° carré, 41 p., 188 numéros.

144. — Catalogue d'une précieuse collection de lettres autographes comprenant des documents sur Francesco Foscari, Charles VI, Isabelle de Lorraine, Isabelle de Portugal, Germain Pilon, des lettres de la comtesse de La Fayette, Laubardemont, Madeleine de Scudéry, Ninon de Lenclos, Diderot, Voltaire, Marie-Antoinette, Marceau, Napoléon Ier, des manuscrits de Lamartine, Alfred de Vigny et Alfred de Musset, des correspondances de Favras, Carle Vernet et Silvio Pellico (7 mai 1892). In-8° carré, 32 p., 89 numéros.

P. 1-8, préface (sans titre), signalant les principales pièces de cette collection de choix commencée par un amateur de goût et malheureusement interrompue.
P. 9, fac-similé des signatures du doge Foscari, d'Isabelle de Lorraine, d'Isabelle de Portugal et de Charles VI; p. 17, fac-similé de Germain Pilon, de Frédéric II, de Mme Tallien; p. 25, billet autographe de Marie-Antoinette à la comtesse d'Ossun.

145. — Catalogue d'une importante colection de lettres autographes d'auteurs dramatiques, de compositeurs de musique et d'artistes dramatiques (20-21-22 juin 1892). In-8° carré, 92 p., 530 numéros.

P. 1-3, préface (sans titre).
Collection de M. BARDIN.

INDEX

Les chiffres renvoient aux numéros de la Bibliographie.

Académie française, 127.
ACHARD (Amédée). Correspondance d'), 96.
ALEXANDRE III, pape. Bulle, 104.
ALIÉNOR D'AQUITAINE. Charte, 118.
ANGOULÊME (Jean d'Orléans, comte d), 4.
ANTOMMARCHI (Dr). Lettre, 54.
Archevêques de Paris, 55.
Artistes anciens et modernes (peintres, statuaires, graveurs, architectes), 61, 69, 77, 80, 83, 84, 103, 108, 128, 139.
Autographes (La science des), 38.
A. V. Voy. *Vizentini.*
BACULARD D'ARNAUD. Lettres adressées à —, 50.
BALLEROY (Chevalier de). Papiers, 102.
BARDIN (Cabinet), 145.
BAROL (Cabinet de la marquise de), 112.
BAUDELAIRE (Ch.), 30, 88.
BAYLÉ (Cabinet), 104.
BEAUHARNAIS (Hortense de). Lettre à l'impératrice Joséphine, 54.
BEAUMARCHAIS. Papiers de —, 111.
BEAUVOIR (Roger de). Dessins, 54.
BÉRANGER (P.-J.). Chansons, 54. Lettres, 73.
BERRY (Duc de). Dossier sur l'assassinat du —, 118.
BERRY (Duchesse de). Proclamations, 59. Lettres, 104.
BLANCHARD (Cabinet), 49.
BOCAGE. Corresp. de —, 95.
BOILLY (Julien-Léopold). Cabinet —, 69.

BOSSUET. Corresp. de — et de Leibniz, 72.
BOUCHET (Le général de), 23.
BOUILLON (Du Plessis-Bellay, maréchal de), 3.
BOVET (Alfred). Cabinet —, 113.
Bretagne. (Documents sur la), 69.
BRUNET (J.-Ch.). Cabinet —, 53.
CARLENC (Le général), 22.
CARMOUCHE. Corresp. de —, 78.
CARNOT (Lazare), 16, 17, 108.
CHAMBRY (Cabinet), 98.
CHAMPFLEURY (Cabinet), 142.
CHAMPLAIN (Samuel de), 17.
CHARLES X. Lettres, 118.
Chasse à l'oiseau au moyen âge (La), 2.
COLFAVRU (Jean-Claude), 37.
CONDORCET. Corresp. inédite, 75.
CONSTANT (Benjamin). Lettres adressées à —, 47.
COTTENET (Émile). Cabinet —, 103.
CRÉPET (Eug.). Cabinet —, 140.
Daphnis et Chloé (Les amours pastorales de), 28.
DAVID (J.-L.), 60.
DAVID d'Angers. Lettres adressées à —, 139.
DÉJAZET (Virginie). Lettres, 107.
DELESTRE (J.-B.). Cabinet —, 60.
DESNOYERS (Jules). Cabinet —, 135.
DIDEROT, 29.
Dramatiques (Artistes et auteurs), 77, 78, 81, 83, 85, 86, 99, 108, 130, 137, 145.
DROMONT (Cabinet), 60.
DROUOT. Lettres, 107.

DUBRUNFAUT (P.-A.). Notice biographique, 46. Cabinet —, 108.
DUCHESNOIS (Mlle). Corresp., 134.
DUCIS. Lettres, 107.
DUFRESNE (Affaire), 40.
DUVIVIER (Cabinet), 64.
Enfants de la République (Les), 15.
EPAGNY (Violet d'). Papiers —, 130.
EPINAY (Mme d'). Mémoires, 53.
FAVRAS. Corresp., 144.
Femmes célèbres, 89, 108.
FEUILLET DE CONCHES (Cabinet), 70.
FILLON (Benjamin). Cabinet —, 80.
FOUCHER (Paul). Corresp. de —, 74.
FRÉDÉRIC II, 101.
FRÉDÉRICK-LEMAITRE. Papiers de —, 77.
FRÉRON, 29.
GALILÉE, 95.
GAUTHIER-LACHAPELLE (Cabinet), 63.
Généraux morts pour la patrie (Les), 18.
GENLIS (Mme de). Lettres à Philippe-Egalité, 72.
GERANDO (Cabinet de), 120.
GIRARDOT (Cabinet), 92.
Grades militaires sous la Révolution (Les), 20.
GRANGIER DE LA MARINIÈRE (Cabinet), 77, 110.
GROS (Antoine), 60.
GRÜN (Alex.). Papiers d' —, 54, 73.
GUERIN (Les), 36.
GUIZOT (Cabinet), 71.
HALLER (Albert de). Lettres adressées à —, 120.
HENRI, prince de Prusse. Lettres, 107.
Héroïsme (L') civil, 25.
Héroïsme (L') militaire, 26.
Héroïsme (L') professionnel, 27.
HERVILLY (Cabinet d'), 62.
HOCHE (Lazare), 19.
HONORIUS III, pape. Charte, 118.
HUGO (Victor). Histoire d'un crime (album de fac-similé), 43. Corresp., 132.
HUILLARD (Cabinet), 57.
HUMBOLDT (Alex. de). Lettres, 102.
Institut de France, 31, 121.
Isographie (Supplément à l'), 42.
JOANNY. Journal, 130.
LABOUCHÈRE (P.-A.), 44.

LA FAYETTE (Le général), 24.
LAMARTINE, 132, 134, 144.
LAMBERT-LASSUS (Henri), 45.
LAMENNAIS. Manuscrits, 106.
LA REVELLIÈRE-LEPEAUX, 13.
LATOUR (Antoine de). Cabinet —, 117.
LEKAIN. Papiers de —, 77.
LEMAIRE (Jean), de Belges, 35.
LESCOUET (Cabinet), 67.
LESPINASSE (Mlle de). Lettres, 75.
LE VENEUR (le général), 21.
Littérateurs anciens et modernes, 80, 81, 85, 105, 108, 109, 119.
LOMÉNIE (L. de). Cabinet —, 111.
LOUIS XI, 1, 5, 6.
LOUIS XIII, 65.
LOUIS XV, 106.
LOUIS XVI. Procès et exécution, 101.
LOUVET (J.-B.). Lettres à sa femme, 125.
LOYAC (Cabinet), 82.
L. T. Voy. Techener (Léon).
LUCAS (Hipp.). Corresp. de —, 93.
MAHÉRAULT (Cabinet), 94.
MANNE (Edmond de). Cabinet —, 86.
Maréchaux de l'Empire, 58, 123, 143.
MARIE-AMÉLIE, Lettre, 118.
MARIE-ANTOINETTE, 71, 79, 84, 118, 134, 144.
MEAUME (Ed.). Cabinet —, 126.
MÉRIMÉE (Prosper), 73.
MÉRY. Corresp. de —, 87.
MICHELIN, de Provins (Cabinet), 50, 51.
MIRABEAU. Manuscrits, 106, 108.
MONMERQUÉ (Cabinet), 48.
MONSELET (Ch.). Cabinet —, 132.
MOZART, 59.
Musiciens et compositeurs, 91, 108, 116, 137, 145.
MUSSET (Alfred et Paul de). Autographes et dessins de —, 100.
NAPOLÉON Ier et sa famille, 54, 71, 118, 123, 143.
Navigateurs et explorateurs, 69, 80.
Nivernais (Documents sur le), 110.
Nobiliaires (Documents), 52.
Normandie (Documents sur la), 59, 131.
OLIVET (l'abbé). Lettres à Voltaire, 107.
ORLÉANS (Louise-Marie-Adelaïde DE

INDEX

BOURBON-PENTHIÈVRE, duchesse d'), 118.
OUDINOT (Maréchal), 101.
PARIS, 11-12, 59, 72, 87.
PAROY (Comte de), 14.
PÉCARD (Cabinet), 65.
PELLICO (Silvio). Annotations, 112. Corresp., 144.
PLOUVIER (Ed.). Corresp. de —, 87.
POMPADOUR (Mme de), 59.
PORT-ROYAL (Documents sur), 55.
POTIER (L.). Cabinet —, 106.
POTIQUET (Alfred). Cabinet —, 121.
POULET-MALASSIS (Cabinet), 88.
PRAILLON (Famille), 34.
PROVENCE (Documents sur la), 23.
QUEUX DE SAINT-HILAIRE (marquis de). Cabinet —, 141.
RATHERY (Cabinet), 76.
RAUCOURT (Mlle). Corresp., 134.
RÉAL (Papiers du comte), 73.
RÉCAMIER (Mme), 120.
REIGNARG. Voy. *Grangier de la Marinière*.
RENARD (Joseph). Cabinet —, 136.
Révolution française, 9, 10, 55, 59, 61, 72, 80, 87, 108, 114, 124.
Revue des documents historiques, 41.
RICHELIEU (Cardinal, duc de). Lettres au duc de Luynes, 71 ; à Claude Le Bouthillier, 129.
RICHELIEU (Maréchal, duc de). Lettres adressées à —, 68, 104.
ROBESPIERRE. Lettres en vers et en prose, 122.

Romans (Un duel à), 8.
ROUSSEAU (J.-J.), 53, 125.
SAINT-GEORGES. Banque de —, à Gênes, 95.
SAPIN (Léon). Cabinet —, 85.
Savants et érudits, 80, 108.
SENSIER (Alfred). Cabinet —, 84.
SÉVIGNÉ (Mme de), 48.
SILVESTRE (Théophile). Papiers de —, 115.
SISMONDI (S. de). Lettres, 102.
STAEL (Mme de), 120, 133.
Sorcellerie (Procès de), 7.
STUART (Marie), 54.
TALLIEN (Mme), 144.
TALMA. Corresp. de —, 99.
TAYLOR (Cabinet), 97.
TECHENER (Léon). Cabinet —, 131.
THOYNARD (Nicolas), 32.
TREUTTEL et WURTZ (Papiers de), 58.
ULBACH (Louis). Cabinet —, 138.
VELASQUEZ. Lettre, 103.
VERNAC (Cabinet de), 59.
VERNET (Carle). Corresp., 144.
VEYDT (Laurent). Cabinet —, 90.
VIGNY (Alfred de), 30, 132, 144.
VILLARS (F. de). Cabinet —, 91, 96.
VILLENAVE (Cabinet), 66.
VINCENT DE PAUL (Saint), 101.
VIZENTINI (Albert). Cabinet —, 137.
VOLTAIRE, 59, 72, 95, 101, 107, 109.
VRAIN-LUCAS (Affaire), 39.
WALDOR (Mélanie). Voy. *Villenave*.
YEMENIZ (Cabinet), 52.

Paris. — L. MARETHEUX, imprimeur, 1, rue Cassette.

www.ingramcontent.com/pod-product-compliance
Lightning Source LLC
Chambersburg PA
CBHW070709050426
42451CB00008B/570